Über die Autorin:

Britt Goldmann, geboren 1963, lebt als freie Autorin mit ihrem Mann in der Nähe von Pforzheim. Nachdem sie weit über drei Jahrzehnte als Gastronomin gearbeitet hat, widmet sich Britt Goldmann seit 2015 insbesondere ihrer Passion dem Schreiben. Erste Gedichte und Songtexte wurden bereits 2017 veröffentlicht. Ihr Debütroman, das Liebesdrama von »Lillie&Richie« war ein großer Erfolg. Die Autorin ist Mitglied der Hermann Hesse-Gesellschaft in Calw.

Impressum
© 2021 Britt Goldmann
2. Auflage Dezember 2021
Aquarell: „Peace and Love", Britt Goldmann
Covergestaltung: medienagentur24.eu
Kontakt: brittgoldmann@web.de oder in Facebook
Druck und Verlag: BoD - Books on Demand, Norderstedt

ISBN 978-3-755-74046-9

Britt Goldmann
L(i)ebe!

Britt Goldmann

L(i)ebe!

Lebenslänglich

Menschlich

Die Welt in 100 Jahren

Mich würde interessieren, wie
die Welt in 100 Jahren aussieht.
Ob dann tatsächlich autonome
Autos durch die Luft fliegen?
Ob es noch Tausendfüßler, Rote
Waldameisen, Mistkäfer, Maulwürfe
und Regenwürmer gibt?
Was ist aus uns Menschen
dann geworden?
Und sollte es uns Menschen
tatsächlich noch geben,
wem würde ich Begegnen?

Empathie

Wir müssen nur:
In den wichtigsten
Momenten zusammenhalten.
Unnütze Fragen lassen.
Fühlen, nicht denken.

Gesellschaft braucht Stabilität

Gesellschaft braucht Stabilität -
die nicht in der Arbeit steckt.
Vielmehr in der Menschlichkeit,
auf die man sich einlässt.
Wo es kein richtig oder falsch gibt.
Pure Lebensfreude versprüht.
Wo man tut was man liebt, singt,
oder malt, oder tanzt und lacht.
Wo man überzeugt, gibt und nimmt,
sich erfreut und sich ergänzt.
So entsteht Stabilität.

Menschlichkeit

Menschlichkeit -
kennt keine Konkurrenz.
Für Menschlichkeit
braucht es keinen Grund.
Nicht für Bekannte,
nicht für Fremde.
Menschlichkeit kostet
Keinen einzigen Cent.
Ich wünsch dir Glück,
sagt mein Blick.

Rassismus

Zu Risiken und
Nebenwirkungen von
Rassismus lesen sie
Geschichtsbücher oder
Fragen sie ihre Großeltern.

Tatsachen des Lebens

Der Kernpunkt ist:
Das soziale Leben.
Die Wurzelfrage:
Die Charaktere des Menschen.
Das Fundament:
Eine gemeinsame Substanz der Menschheit zu finden.
Die Aufgabe:
Strukturen einen Rahmen zu geben.
Das Verbindende:
Miteinander - nicht gegeneinander.

Anstatt

Anstatt Dinge,
sollten Menschen
im Mittelpunkt stehen.
Und wir dürfen uns
jederzeit entscheiden,
es besser zu machen,
als es war.

Verlust

Verlust von unnötigem,
schützt mich vor wichtigem Verlust.
Wenn sonst weiter nichts ist,
mir die Liebe nicht abhandenkommt,
nichts aus dem Ruder läuft,
oder das Sonnenlicht erlischt,
ist das mein Anlass,
jeden Tag nach vorne zu schauen.

Frieden

Dazu gibt es eine ungelöste Frage.
Eine Frage die sich wohl viele
bis zu ihrem Lebensende stellen:
Wenn wir sterben,
sollen wir alle in Frieden ruhen.
Aber warum können wir nicht alle
auch in Frieden leben?

Bewusstsein

Bewusstsein bedeutet Achtsamkeit.
Achtsamkeit schützt und heilt - weit und breit.
Bewusstsein bedeutet Wahrheit.
Und die Wahrheit bedeutet:
manchmal ist Bewusstsein
der erste Schritt des Widerstands.

Trauerspiel

Dass es so etwas gibt,
und davon viel zu viel.
Menschen verantwortungslos,
Geldgier erbarmungslos,
Friedensgespräche erfolglos,
organisierte Wohlfahrt konzeptlos.
Unerwiderte Liebe,
unnötiger Hass,
käufliche Ungerechtigkeit,
brennende Wälder,
weggeworfene Lebensmittel,
wegschauende Gesellschaft,
Politiker verlogen oder korrupt.
Verkaufte Seelen,
unerreichbare Freiheit.
Versprechen werden gebrochen
überall auf der Welt ...

... und hört das jemals auf?

Pläne ändern

Sicher. Bequem geht anders.
Aber ich sah nicht ein
mich anzupassen.
Ich habe das Abenteuer
sehr genossen,
alles mitgenommen,
was so ein
Leben bietet.
Sozusagen mich getraut.
Sehnsuchtsträume mir erfüllt.
Warum sich anpassen?
Außerdem sollte man seine Pläne
gelegentlich mal ändern.

Demokratietheorie

Demokratie bietet jede Chance,
für unser gleichwohl.
Man muss allerdings wissen, wo
das Potential der Demokratie liegt.
Für uns Menschen ist sie,
die Grundlage für Gleichheit.
Jedoch mit Freiheit hat sie oft
herzlich wenig zu tun.
Und sie hat leider einen gemeinen Feind:
„Demokratie schützt vor Dummheit nicht".

Der Untergang droht

Mir scheint, viele haben ihr Ohr
nicht mehr am Puls der Zeit.
Sie erfassen Stimmungen nicht mehr,
weil ihnen die Empathie fehlt.
Doch bin ich mir sicher,
der Untergang ist zu vermeiden.
Das Ruder lässt sich noch
rechtzeitig herumreißen.

Hohelied auf das Leben

Man muss einfach anfangen,
das ist das Wichtigste.
Man muss einen Willen haben.
Auch wenn man mal nicht weiß,
wo es hinführt, weitermachen.
Und es ist gut,
spazieren zu gehen.
Flanieren ist gut, schauen,
riechen, hören. Sich unter
die Menschen mischen,
freundlich sein.
Auch etwas entbehren gehört dazu.
Vor allem aber, positiv denken und so,
im Gedächtnis bleiben.

Indianer-Häuptling

Vor langer Zeit auf einer Reise, traf ich einen
alten Indianer-Häuptling, der zu mir sagte:
Ein gutes gelebtes Leben bedeutet,
seine Ziele zu erreichen.
Neues zu lernen, und nicht
stecken zu bleiben.
Verstehe und achte die Natur.
Zu einer gesunden Prärie gehören
Sonne, ein Klee und eine Biene.
Zu einem gesunden Menschen gehören
Geist, Geborgenheit und Zufriedenheit.

Gesund

Dauernd fragen Menschen, was
sie NEHMEN sollen um gesund
zu werden. Sie könnten sich
auch mal fragen, was sie
WEGLASSEN sollten.

Doppelter Orden

Ja auch das gibt's ...

Der Minister, übereicht und verleiht -
so die freundliche Anweisung;
dem scheinbar ehrenhaften Landesvertreter,
einen Doppelten Orden für;
Manipulation und komplette Ignoranz.
In ausgelassener Feierlaune, ohne Moral,
aber stolz - Na klar!
Er ist amüsiert und lächelt,
uns anderen, mitten ins Gesicht.

Querdenken

Es gibt Gegenwind.
Querdenken entsteht.
Das ist unerfreulich.
Bedeutet sozusagen:
Man hat kein Vertrauen.

Nur mal zum Verständnis an die
Kandidaten der Parteien:
Die Zuwendung zum Volk
bedeutet gleichermaßen:
Beachtung und Anerkennung.
Also kurzum: Hab und Gut!

Tageszeitung

Was heute am 10. September 2021
auf der Titelseite steht:

Wildes Geschacher
in der Fraktion
um einen Posten -

Geldwäsche-Ermittlungen
zwei Ministerien durchsucht -

Das Regierungspräsidium prüft
eine Dienstaufsichtsbeschwerde
gegen den Landrat, lehnt aber
weitere Untersuchungen ab -

Neue 2G-Regeln im Land
alarmieren die Wirtschaft -

Krankenhäusern mangelt es
an erfahrenem Fachpersonal -

Flutopfer klagen an:
Da ist niemand der uns hilft -

Leine im Aufzug eingeklemmt,
Hund mit gerissen ...

... eigentlich wollte ich was anderes lesen.

Ansichten

Ich habe in den Büchern nachgeschlagen
über die sogenannten Fehler des Lebens.
Die Gelehrten sind sich darüber einig, dass
sie sich darüber nicht einig sind. -
Alles Leiden kommt von der Unfähigkeit
des Menschen, still zu sitzen und allein zu sein.
Einige sagten, Selbstsucht sei die Ursache,
andere meinten die Selbsttäuschung, wieder ande-
re glauben es ist die Unfähigkeit, das Wirkliche
vom Unwirklichen zu unterscheiden.

Höflichkeit

Ist die gute alte Höflichkeit
mittlerweile echt nicht mehr angesagt?
Ich meine das nicht und frage mich ...
Aber wenn ja:
Wann kam Sie aus der Mode? -
Dann, im exakt im selben Moment
höre ich aus dem Radio eine Ansage,
die sich wie die passende Antwort anhört:
Leute! Ein Comeback starten geht immer!
Aus Alt macht Neu! Das ist total Mega!
Sehr angesagt und groß in Mode! - heißt es.
Also, bitte.

Das Spiel mit der Zeit

Du liebe Zeit
Du und all deine Facetten
machst uns alle
zu deinen Marionetten.
Du bist unsere Lehrstätte
du bist unsere Gaststätte
du bist das kostbarste Glied
in unserer Kette.
Wirst dennoch oft verkannt
Leichtsinnig gar
ganz falsch eingeschätzt.
Gegen Ende dann
wie froh so mancher wär
hätte er doch noch etwas mehr
allein nur, von dir.

Nichts ist schöner

Nichts ist schöner
als ein gutes Herz.
Wer aus Liebe Herzen bricht,
den vergisst man nicht.

Glückliche Kindheit

Die Liebe, die unendlich bleibt,
ist die, die du als Kind erfahren hast.
Nichts im weiteren Leben, wird
dir mehr Kraft geben.
Sie ist ein Ozean aus dem
du immer schöpfen kannst.

Luftballons

Wenn Worte fliegen könnten,
so wie Luftballons,
würde ich sie zu Dir fliegen lassen.
Sie würden Dir sagen,
dass ich an Dich denke,
dass Du mir wichtig bist,
dass ich mir wünsche,
möge es Dir gut gehen,
heute wie morgen -
Wenn Worte fliegen könnten …

Bleibe immer ein Mensch

Tausche unliebsame Betrachtungen,
gegen ein wenig Glück.
Bleibe immer ein Mensch.
Lebe zu deinen Bedingungen,
vergebe dich nicht an kalte Herzen.
Bleibe immer ein Mensch.

Zum Glück gibt es die Freundschaft

Keine Weisheit ist stärker
als die echte Freundschaft.
Die Kraft der Freundschaft
macht die große Gemeinschaft.
Wahre Freundschaft ist
unersetzlich und unschätzbar wertvoll.

Die Hürde

Ungeimpft, geimpfte, schwarz weiß,
Moslem, Christ ...
Wir werden ganz bewusst gespalten.
Immer schon.
Wenn wir uns ausschließlich
als Menschen sehen würden,
ohne Trennung,
verbunden mit Leben,
bräuchte es keine Toleranz -
um jemand Wert zu schätzen,
sondern wüssten, das
anders auch gleich ist.

Geld und Geschäfte

Fluch und Segen gleichermaßen.
Soziale Gerechtigkeit,
ist angebracht und erstrebenswert.
Es basiert auf Gegenseitigkeit.
Schon der Wille,
nach einer besseren und
gerechteren Welt,
macht uns menschlicher.

Human

Humanismus hat nicht
in jeder Religion
den Stellenwert, den er
etwa im Christentum hat.
Mir ist klar:
Erziehung ist alles.
Dass es Menschen geben kann,
die derart gehässig sind, und
anderen gar den Tod wünschen,
bleibt mir ein Rätsel.
Ich kann es drehen und
wenden wie ich will.
Es bleibt mir ein Rätsel.

Was wir hier sind

Gefährten auf Reisen
Einmalig auf Erden
Verschieden jedes Leben

Kreaturen die suchen
Licht und Schatten
Mehr oder Weniger

Schwarz und Weiß
Groß und Klein
Zusammen oder Allein

Bettler oder König
Angekommen an Grenzen
Wird Gott ergänzen.

Ein Unordentliches Jahrhundert

Immer ist irgendwo
eine Flucht.
Immer kreist irgendwo
ein kühler Wind.
Der macht
blind,
hilflos,
heimatlos,
schutzlos,
sprachlos.
Jahrhundert oder Länder,
dort oder da,
hin oder her.
Wesen und Leben
entstehen und bestehen,
aus dem Zustand inneren Friedens,
nicht des Tumults!

Wert und Größe

Wer in sich ruht,
muss niemandem etwas beweisen.

Wer um seinen Wert weiß,
braucht keine Bestätigung.

Wer seine Größe kennt,
lässt den anderen die ihre.

Melancholie

Mir ist nicht möglich,
mich immer unter Kontrolle zu haben.
Die Zeiten schwanken.
Jene Gedankenvorstellungen;
sämtliche Möglichkeiten,
diese verwirklichen zu können:
Böses beenden, vertreiben,
wie auch immer,
aus meiner Sicht -
Hauptsache es gelingt.
Diese Melancholie ist immer da.
Sie ist Teil meiner DNA.

Spiegelbild

Du mein Spiegelbild -
ich muss mich wundern über dich.
Wie du dich wandelst,
jeden Tag anders.
Manchmal da sehe ich eine erschöpfte Frau.
Dann wieder ein junges hübsches Mädchen.
Manchmal sehe ich jemanden, der von
innen strahlt, dann jemanden,
der manches hinterfragt. Ich sehe jemanden,
der Lust hat, rauszugehen um daran
weiterzuarbeiten was er sich aufgebaut hat.
Dann wieder nicht.
Und immer wieder erwacht in mir die Sehnsucht,
dann will ich ans Meer zurück.
So oder so, ich folge meinem Glück.

Ein gutes Gedicht

Ein gutes Gedicht,
beantwortet die Frage,
was das Leben sei,
tiefer als alle anderen Künste -
in einer ganz unmittelbar
verständlicher Sprache.
Vielleicht nicht immer in Vernunft erwähnt,
jedoch Lügen, wird ein gutes Gedicht nicht.

Dalai Lama

Seine Heiligkeit
der Dalai Lama
hat seine »Ratschläge des Herzens«
einem Buch anvertraut.
Darin ich mein Lebensmotto fand:

„Lebe ein gutes, ehrbares Leben!
Wenn du älter bist und zurückdenkst,
wirst du es noch einmal genießen können."

Friday for future

Gib der Vernunft eine Chance
und jeder profitiert davon.

Gib der Vernunft eine Chance
und die Katastrophen bleiben aus.

Gib der Vernunft eine Chance
und niemand muss sich entschuldigen.

Menschheit 2021

Es geht überall nur ums Geld.
Alles ist der Gewinnmaximierung unterworfen.
Ob Technik, Lebensmittel oder Gesundheitswesen.
Der übertriebene Egoismus, und die somit entste-
hende Gefühlskälte, macht der Mensch selbst.
Das Motto lautet: Kein Herz kein Gewissen, und
immer nur schön an seinen eigenen Profit denken.
Nicht selten Maßlos und leider fern von Empathie.
Durch seine Ausbeutung von Tier und Natur, sein
Gottloses streben nach Macht und uferloser Geld-
gier, wird der Mensch zum übelsten Raubtier
überhaupt.
Ehrlichkeit wird zur Mangelware.
Hinterhältigkeit zum Alltäglichen. -
Jedoch zum Glück, zeigt sich immer mehr und
mehr; wir sind genügend viele die das in Wirklich-
keit nicht wollen. Also, auch ändern könnten.
Dadurch, dass jeder bestimmte Absichten hat, die
man durchsetzen will, und wir alle verschieden
sind, kommt es natürlich zu Konfrontationen und
gegenläufigen Zielen. Dies darf auch so sein und
gehört zu uns, doch müssten wir nur lernen, und
es schaffen, vernünftig damit umzugehen.

Überdigitalisierung

Ich glaube, wir brauchen dringend einen techni-
schen Rückschritt um etwa 10 Jahre. Nichts geht
mehr ohne Computer.
Die Überdigitalisierung ist nicht wirklich wün-
schenswert für die Volksgesundheit. Man sieht es
deutlich bei diesen unsicheren Coronaapps und
ihren Nutzern. Die Überdigitalisierung führt zu
neuartigen psychischen Störungen. Der Mensch ist
über das Optimum raus, und im Laufe der Evoluti-
on ein echt seltsames Tier geworden.
Die Digitalisierung ist das Virus unserer Zeit.
Wir sollten unbedingt im Alltag wieder mehr auf
eine traditionelle und menschlichere undigitale
Bearbeitung pochen. Der Mensch ist sich bald voll-
kommen der Maschine überlassen und ausgelie-
fert, im neuen Auto, am Bahnsteig vor dem Kassen-
automat, am Telefon spricht ein Phantom, und man
erfährt die Tücken der Technik ständig, wenn nicht
täglich.
Die Kinder werden ihren Talenten entsprechend
nicht mehr genügend gefördert, und viele Eltern
verlieren über Nacht, durch die Digitalisierung die
Arbeitsstelle. Traurig.
Soll den aus uns allen Influencer werden?
So dass auf der Welt irgendwann nur noch Gehirn-
lose leben?

Just-in-time-Krise

Fehlende Ersatzteile und lange Lieferfristen.
Es wird nichts mehr gelagert, sondern gelie-
fert, wenn sie in der Produktion benötigt werden.
Die Frachtkosten sind horrend.
Nicht eingerechnet ist die Rücksichtslosigkeit der
Natur gegenüber.
Tja, es fehlen aber die Teile zum einbauen.
Arbeiter müssen nach Hause geschickt werden.
- Wie krank ist sowas? Fragt sich der Arbeitgeber
verärgert und fordert dringend ein Umdenken:
»Wir können uns nicht mehr so vom Ausland ab-
hängig machen. Schon während der Corona-
Pandemie hat sich gezeigt, dass eine solche Abhän-
gigkeit - Stichwort: Masken - ziemlich problema-
tisch wurde, und nicht nur im Kfz- Gewerbe setze
sich dies nun fort. Während der Pandemie gab es
hier und da schon einige Probleme, aber nun hat
sich was aufgestaut, und jetzt ist das Ding kurz
vorm Platzen. Wir müssen einfach einiges über-
denken, und Kurse korrigieren. Abhängigkeit ist
gefährlich.«

Das Café am Rande

Darin bin ich aufgewachsen,
unter tausend Menschenstimmen
und geworden wer ich bin.
Die beste Schule, der schönste Ort.
Mein großes Glück!
Und es hält noch immer an:
dieses fröhliche Lachen,
dass viele wieder lernen müssen -
in der Runde,
am Rande.

Ich

Ich gebe immer
so viel,
als man von
mir verlangt, und
der Weg selber
ist nichts anderes
als die Aufgabe;
die Liebe -
die man mir gibt.

Worte

Manche meinen,
Worte hören auf zu leben,
wenn wir ihnen Ausdruck geben.
Ich meine,
sie fangen erst dann
zu leben an.

Miss you

Dass du eines für immer bist,
so ein ganz besonderes Lied,
seit meiner Jugendzeit,
bis heute mir unter die Haut geht,
mein Herz aufwühlt,
weil es von Liebe erzählt,
etwas von mir selbst,
das mich immer wieder berührt,
weil es mich wieder und wieder erinnert,
an meine, vielleicht schönste Zeit.
I've been holdin' out so long ...

Mit 58

Was mit 58 mehr Spaß
macht als mit 18?
Dass man vieles nicht mehr
lernen muss, weil man gelernt
hat, man lernt nie aus.

Mein Elternhaus

Das ehrenhafte Haus an der Hölderlinstraße.
Es war, nein, es ist mein Elternhaus. Eigentlich
sollte ich froh und glücklich sein, es recht gut ver-
kauft zu haben. Und doch hänge ich noch sehr da-
ran.
In diesem Haus spürte ich bis zum letzten Tag,
meiner Eltern Geist. Das Glück meiner Kindheit
und Jugend. Unzählige Erinnerungen
bleiben, an die Guten und die schlechten Zeiten.
Aber die Guten, überwiegen bei weitem. Dafür bin
ich froh und dankbar.
Das Besondere an diesem Haus war, dass,
solange ich denken kann, alles immer an
derselben Stelle stand. Ich sah von dort, gewisser-
maßen die Welt. Keine Straße der Welt, ist
mir so vertraut.
Dein ganz bestimmter - eigener Geruch, blieb auch
noch längst als alle Teppiche, Bilder,
Möbel und Bücher schon aus dem Haus entfernt. Es
war ein bedrückendes Gefühl, dieses Haus auszu-
räumen.
Dann kam unsere letzte gemeinsame Stunde.
Ich hab bitterlich um dich geweint. Und doch, ist's
nur ein Bruchteil vom Wandel der Zeit. Nichts da-
von könnte ich in den Ziegeln und im Beton finden.
Du und ich - auf ewig sind wir verbunden. Denn
dein Erbe trage ich im Herzen.
So wirst du mir voller Stolz, bis zum letzten meiner
Tage, bleiben.

1978

Das war doch erst gestern.
Als ich fünfzehn Jahre zählte,
die Schule gern mal schwänzte.
Viel lieber stundenlang träumte,
und fragte was kostet die Welt?
Noch jeden Widerstand überwand
und keine Dramen kannte.
Aus mir sollte was werden.
Natürlich ganz ohne Sorgen,
in Freiheit ohne Furcht.
In der Bildmitte, da stand ich gern,
zu tausend Dingen bereit.
Doch am liebsten war ich zu zweit.
Damals als die Bachbrücke noch stand.
Was mir davon bleibt?
Wohin ist die unbekümmerte Zeit?

Jugendsünden

Ach Herrje!
Wie kostbar die eine
oder andere doch war.
Ich hab nicht immer gefragt,
ich hab es einfach getan.
Und heute kann ich sagen:
Hätte es die eine oder
andere Jugendsünde nicht gegeben,
ich würde mich sputen, und
noch heute eine begehen!
Sonst würde am Ende,
in meinem Leben,
etwas ganz wichtiges
nicht gewesen.

Das Herz

Das Herz umgibt uns in
allem, was wir fühlen.
Es kann besser sehen,
als wir denken können.
Das Herz bringt Gewissheit,
es kennt unsere Sehnsucht,
auch was uns Missfällt.
Nur das Herz, sieht
die Wirklichkeit und führt
uns zur Wahrheit.

Gefühle

Gefühle kann man
viele haben.
Gute und schlechte,
falsche und echte.

Für manche,
sind sie überragend schön,
fast nicht auszuhalten.

Für andere,
sind sie fast
der Untergang.

Und ohne,
kann man sich
gleich einbalsamieren lassen.

Schein der Erde

Gesteuert lebst du
und mischt mit.
Isst schuldlos Fleisch
leidest an Heiligenschein.
Sammelst Krempel und Juwelen
lachst am Tage
und weinst allein
in der Nacht.

Schicksal

Niemand läuft seinem Schicksal davon,
je mehr wir es versuchen,
umso schneller holt es uns ein.
Nichts bleibt wie es ist, alles geht vorbei,
das Schöne aber auch das Schwere.
Das ist tröstlich und hilft zu leben.

Die Heuchler

Die vornherum, dir ins Gesicht lächeln,
deine Hand schütteln, und dann hintenrum
über dich schlecht reden.
Die sind gar nicht mal so selten.
Man muss sich halt wundern,
aber nicht ärgern.
Es mit Niveau zur Kenntnis nehmen,
anschließend stilvoll „Ad Acta" legen.

Die Liste

1. Hass
2. Größenwahn
3. Hungersnot
4. Kriege
5. Krebs
6. Unrecht
7. Korruption
8. Quäler
9. Plastikmüll
10. Egoismus

Wenn ich könnte, wie ich wollte, würden
diese 10 Dinge von der Welt verschwinden.
Die Welt wäre neu geboren, und keiner
würde eines dieser Liste je vermissen.

Absurd

Die Logik bleibt auf der Strecke.
Irrationale Willkür steht
an erster Stelle.

Höher, schneller, größer.
Geraubte Liebe hier, der seelenlose
Quickie dort.

Immer weiter von sich fort.
Sowas wie Selbst und Mord.
Wie sowas von Absurd.

Bestialität und Irrsinn

Wir atmen, und benötigen
reine Luft, nicht vergiftet
und nicht verseucht.
An vielen Orten leider,
atmet man Gase oder Blutgeruch
hört Bomber oder Panzer.
Machen wir aus der Hoffnung
endlich Realität!
Heil und Froh die Zukunft.
Dann wird zugleich, die
Menschliche Weisheit
Voll und ganz erreicht.

Die Steppenwölfin

Keine Vorstellung ist dir
zuwider und grauenhafter
als unfrei zu sein.
Kein Stückchen Unabhängigkeit ist aufzugeben,
gegen Geld und Wohlleben.
Kein Gedanke ist, an Männer oder
Mächtige sich zu ergeben.
Vielmehr Hundertfach das bequeme
ausschlagen, und dafür die Freiheit bewahren.
Es geht um das Wertvollste:
Dein kostbares Leben.
Will dies jemand nicht verstehen:
Trotzdem, bleib alle Tage
die Wölfin die du bist.
Lass dir deine Schlauheit nicht nehmen,
die Freiheit frei zu sein.

Die keinen Palast brauchen

Man muss sie einfach mögen,
die Menschen die Blumen lieben.
Die wie ein Kind spielen,
sich Zeit für kleine Dinge nehmen.
Die keinen Palast brauchen
um prächtig zu leben.
Auch kein dickes Portemonnaie.
Die ihre eigene Wege gehen,
sich nicht hetzen lassen,
das Leben zufrieden genießen.
Die noch Wert auf Werte legen,
und gute Freunde haben.
Die eigenverantwortlich leben und handeln,
Gesetz und Ordnung respektieren.
Die keinen Hass kennen,
sondern Empathie zeigen.
Man muss sie einfach mögen,
all die Menschen, die viel Licht
in Häuser und Herzen bringen.
Allen voran die Menschen, die nicht mehr
länger an Gewehrläufe glauben.

Genial

Genial zu sein kann dem
Dümmsten gelingen.
Dafür muss man auch
keine Wunder vollbringen.
Nur eine Eigenschaft besitzen,
menschlichen Charakter offenbaren.

Darsteller

Sei weder,
Darsteller noch Schauspieler.
Erschaffe dir ein Leben,
dass sich im inneren
gut anfühlt.
Nicht eins, dass nur
von außen gut
aussieht.

Schuldigkeit

Sich in die Augen schauen.
Sich ehrlich Wahrnehmen.
Das kann sich jeder leisten.
Keinen oberflächlichen Reichtum -
sondern seine Zeit in echte Begegnungen
und Freundschaften investieren.
Und zu verinnerlichen:
Das Vermögen der einen,
sind die Schulden der anderen.

Selbstheilung

In welcher Sprache auch immer,
die Suche nach dem individuellen Glück
ist gefunden: Wenn die Gesellschaft darauf
ausgerichtet ist, kein Unglück, Leid und
Ungerechtigkeit zu produzieren.

An die innerlich Unterernährten

Ja leider. Auch sie gehören dazu.
Die Herzen brechen, im negativen Sinn.
Ich will sie nicht verschweigen, aber
auch nicht mit dem Finger auf sie zeigen.
Will kein Lehrer von Weisheit sein.
Muss jedoch wahrhaft sagen, so manches
Leiden müsste überhaupt nicht sein.
Um mit gutem Gewissen zu handeln,
muss man nicht studiert zu haben, und
dein Leben, das kannst du immer korrigieren.
Insbesondere Menschen nicht zu drangsalieren,
dafür gerne freundlich Grüßen, aber viel mehr je-
dem; humanen Respekt entgegenbringen.

Im Meer der Zeit

Auch wenn mein Leben nur
wie der allerkleinste Tropfen
im Meer der Zeit ist,
so ist es doch ungeheuer wichtig,
dass ich glücklich bin,
dass ich liebe, treu und
zuverlässig bin, dass ich
atme und dass ich das Leben liebe.

Die Perspektive

Es ist wichtig, aus
seiner Komfortzone
herauszukommen.
Eigene Ideen und
Pläne umsetzen.
Für sich selbst
Verantwortlich sein.
Das tun, was begeistert.
Wenn man sich darin verliert,
hat man den meisten Frieden
und Spaß am Leben.

Musik ist meine große Liebe

Ich war noch fast ein Kind, da schrieb ich diese
Zeilen in ein kleines rotes Büchlein rein:
Später will ich einmal musizieren. Tausend schöne
Melodien spielen, meine eigenen Lieder singen.
Singen über Herzen die lieben, übers Glücklich
oder Traurigsein. Ich will allen die Wahrheit sagen,
nichts verschweigen. Es ist mein größter Wunsch,
eine große Sängerin zu werden und einfach alle
glücklich machen.
Von Gefühlen will ich singen, und von blauen
Schmetterlingen auf Bäumen, und verkünden:
Kriege sollte es auf Erden nicht geben. Ich will sin-
gen vom Leben hier unten, und vom Himmel dort
oben.
Musik ist meine große Liebe!
Meine große Liebe ist die Musik,
als sie begann, wusste ich fortan,
sie hält ein Leben lang.
Musik ist meine große Liebe!
Meine große Liebe ist die Musik,
ja, als sie begann, wusste ich fortan,
mit ihr bin ich nie allein.
Ja! Musik macht jeden fröhlich,
sie verbindet dich und mich.
Ihre Poesie ist groß und zauberhaft,
ihre Botschaft hat oft heilende Kraft.
Nichts kann mir mehr geben. Die Musik ist mein
Leben, und meine Liebe.

Liebe Musik

Manchmal führt die Not zu einem
wunderbarem Ergebnis.
Akkord und Wort entsteht,
versteht und hilft,
thematisiert und beschwingt,
und bewegt das Menschenherz.
Dein Takt sagt: Tanz, Tanz, Tanz!
Generationen lieben Melodien,
Millionen deine Glücksphänomene.
Einzig dir glaubt man jedes Wort.
Oh Ja! Wunder gibt es immer wieder.
Und wenn dann irgendwann ...
  Liebe Musik, bitte, stirb du zuletzt.

Fehler

Wenn man an einer
Sache gescheitert ist,
ist dies eine nützliche Erkenntnis.
Jedoch sollten Fehler
ein Leben nicht zerstören.
Sie sollten angeschaut, und
dann reflektiert werden.
Um dann mutig neues Handeln
in sichtbare Erfolge zu wandeln,
an denen wir wachsen
und Zufriedenheit finden.

In Ordnung

Wer gnädig sein kann,
Gegen ungerechte Verhältnisse ist,
seinem Mitmensch die Angst nimmt,
anderen ein gutes Gefühl gibt,
sich an blühender Natur freut,
dauerhaft verantwortungsvoll lebt,
gewissenlose Gefahr vermeidet,
wer Liebe gibt und bekommt,
der ist in Ordnung.

Wilde Rose

Ich sehe dich
mit verbundenen Augen.
Ich erkenne dich
an deiner prachtvollen Art.
Weil du nicht so,
so wie die andern bist.
Nicht irgendeine,
sondern einzigartig bist.
Doch gib auf dich Acht!
Um deine Gegenwart,
zeigen sie sich,
selbstverständlich freundlich,
zuweilen auch ganz nett.
Jedoch in echt gemeint,
zeigt die Wirklichkeit,
ist es Eifersucht und Neid.
Du wunderschöne:
Gib auf dich Acht!
Und bleib mit Stolz,
für immer die, die du bist.

Glücksfall

Von allen Dingen,
muss nicht alles gelingen,
manchmal sind es
ganz andere Dinge
die dir Segen bringen.
Jedenfalls nicht zu bekommen,
was man will,
ist manchmal
ein sehr großer
Glücksfall.

Lebensqualität

Liebe
stärkt das
Immunsystem.
Der Umgang mit Menschen
die dir gut tun,
deine Lebensqualität.

Sprache

Als Mittel
zur Verständigung
scheint die Sprache
immer unbrauchbarer
zu werden.
Statt einfach und verständlich
zu sagen,
was uns freut,
was uns ärgert,
was uns Angst macht,
ziehen wir vor nutzloses zu quasseln.
Und wo es gar nicht mehr geht,
behelfen wir uns
mit hilflosem Schweigen.
Na dann -
Immer noch besser als streiten.

Wenn und Dann

Wenn man sich daran erinnert,
wie schmal die Trennlinie
zwischen dem Genialen und
dem Banalen ist, und
wie wichtig das Banale
für das Alltägliche ist, für das
wonach wir alle streben:
Dann erleben wir Geborgenheit,
Glück und Zufriedenheit.

Unsere kleine Farm

Immer wieder schön
ist zu sehen,
wie zufrieden und glücklich
sie waren,
auch ohne Geld.
Miss Oleson war lustig,
und Charles war der beste.
Gerade weil man nicht viel hatte,
war die Welt da noch
in Ordnung.
Und manchmal wünschte ich diese
Natürlichkeit und Menschlichkeit,
aus meiner Kindheit
gäbe es in Wirklichkeit.

Keine Taschen

Das letzte Hemd,
hat keine Taschen.
Aber selbst diese Tatsache,
sofern man es könnte,
würde so manch einer
gerne ändern.

Chapeau, Reinhard Mey

Bewahre dir deinen Mut.
Die Freiheit nutzt sich ab,
wenn du sie nicht nutzt.
Wer die Wahrheit sagt
braucht ein verdammt schnelles Pferd. -

 Chapeau, und danke für die Wahrheit!

Erfolgreiche Software

Im Umgang
mit den Menschen
die zum Gelingen
führen, bedarf es
Vertrauen zu gewinnen.
Man muss aushalten
können, verzeihen und
Brücken bauen, auch
zu den Menschen, die einem
vielleicht anfangs nicht so
wohlgesonnen sind.
Hass und Hetze ablehnen.
Wertschätzender Umgang und
Gegenseitige Unterstützung,
ist die einzig erfolgreiche Software.

So was wie Ethik

Das Wissen, wie ich
gut lebe ist da.
Und Umstände hinterlassen Spuren,
also muss ich
was dagegen tun.
Wenn es mir gut geht,
dann gehe ich
auch niemandem
auf die Nerven.

Irre Gedanken

Man sagt ein Wort
das nicht falsch ist,
aber so ausgelegt wird.
Und plötzlich stehst du
unter einem falschen Licht.
Das Wort aber, ist sicher
nicht das Problem.
Das Problem sind die
irre Gedanken,
die manche dazu haben.

Ein Dialog

Was möchtest du nie wieder hergeben?

Die Freiheit!
Dabei geht es gar mir nicht um die Freiheit,
die ich sofort leben muss. Nicht noch heute oder
morgen meine Reisetasche zu packen.
Darum geht es mir gar nicht.
Es geht darum; zu wissen, dass ich es kann
wenn ich es möchte.

Und wir sollten

Wir Menschen
sollten 'Homo sapiens'
bleiben und nicht
'Homo digitales' werden.

Eine Küche erfüllt Leben

Wieder und wieder erinnere ich mich;
wie mein Vater morgens in seine große Küche hin-
unterzukommen pflegte, und wie sein Blick zuerst
alle ihm zugehörenden Dinge, fast schon liebevoll
begrüßte: Bratpfannen, Töpfe, Gefäße, Küchenge-
räte, Küchenmesser, Geschirr, Schüsseln und was
noch alles dazu gehörte. Diese Küche war nicht nur
einfach seine   Arbeitsstätte. Es war sein Refugi-
um.
Seine Berufung war es Zeitlebens ein Meisterkoch
und Gastwirt zu sein. Eines Tages sagte er zu mir:
„Die Dinge, die mein Leben ausmachen, verdienen
es beachtet und begrüßt zu werden." Er benützte
stets die gleichen Bratpfannen, die gleichen alte
Töpfe; sie waren wie
gute Freunde und Partner, die seine Leidenschaft
in Zurückgezogenheit mit ihm teilten. Ob dann am
Tag oder am Abend, seine Gäste seine Speisen lob-
ten, diese leuchtenden Augen, werde ich nie ver-
gessen.
Nirgendwo auf der Welt, wollte er sonst sein.
Hier war er ganz er selbst.

Optimistisch

Je länger ich lese, um so klarer wird mir, dass die
Welt schon immer mit ihrem Untergang kämpfte,
unsere Zivilisation schon immer auf den Abgrund
zutaumelte. Die Seiten der Geschichte quellen
förmlich über vor traurigen Berichten von Krieg,
Hunger, Armut, Pestilenz und der Unmenschlich-
keit des Menschen. -
Nachdem ich einige Stunden lang in einem
Geschichtswerk gelesen habe, wird mir klar, dass
die Verhältnisse, so schlimm sie auch sein mögen,
heute um vieles besser sind als früher. Also schaue
ich optimistisch in die Zukunft...

IQ

Mir ist bewusst,
ein Mensch mit einem hohen IQ-Wert
gilt als intelligent.
Das kann sein, muss es aber nicht.
Und überhaupt, wer bestimmt,
ab wann man als intelligent gilt?
Dies fragen sich Gelehrte,
schon seit ewiger Zeit.
Und was garantiert ein überdurchschnittlicher IQ
denn schon?
Weder gute Schulnoten, noch Erfolg im Beruf,
und schon gar nicht seinen Lebensweg vernünftig
zu gehen.
Umgekehrt, ist ein niedriger Quotient keinesfalls
Gleichbedeutend mit Unfähigkeit oder gar Dumm-
heit. -
Sollten man manchmal drüber nachdenken.

Denken wir

Das menschliche Denken ist
ein großes Abenteuer.
Denken kann man was man will.
Gedanken sind frei.
Auch was man besser nicht sagen sollte,
kann man denken.
Und was nicht gedacht wird,
kann nicht gesagt werden,
kann nicht gesungen werden,
kann nicht geschrieben werden.
Also denken wir…

Für immer schön

Ein wacher Geist wird altern,
ein ästhetischer Körper
wird sich ändern,
aber ein guter Mensch,
bleibt für immer schön!

Es nicht mehr eilig haben

Die hohen Wellen
haben sich zurückgezogen.
Aus unhöflicher Ungeduld
ist sinnliche Demut geworden.
Nun ist im Herzen
die Seelenruhe angekommen.
Es ist erreicht
was zufrieden macht.
Nun hat Eile
ihren Wert verloren.

Schande

Im Namen aller
Opfer sexuellen Missbrauchs
und seelischer Demütigungen
in der katholischen Kirche:

Meine Damen und Herren,
Sie sind eine Schande für
die Menschheit!

Datenleck

Es sickert durch
was keiner wissen soll,
niemand etwas angeht.
Ein riesiges Datenleck
enthüllt die heimlichen
Geschäfte hunderter Politiker,
und Prominente mit Briefkastenfirmen. -
Na so was!
Ist denn das die Möglichkeit?
Allesamt: Namen aus aller Welt,
die bisher gar nicht schlecht klangen.
Allesamt: anständige Menschen,
die höchst strafbar handeln.
So dann, geht verlorenes Vertrauen.
Und die Gier ist unstillbar!

Armer Reicher

Es ist kein gutes Zeichen;
hast schon am Morgen sorgen.
Was ist das für ein jammern;
bist trotz deinem üppigen Reichtum,
so gar nicht zufrieden.
Oder bist etwa gerade deshalb unzufrieden?
Musst gar täglich, darüber grübeln.
Die anderen, die nur wenig haben,
werden dich darum nicht beneiden.
Und du weißt oft nicht: Ist die Liebe echt
die du erhältst?
Du fragst dich ständig ob deine Freunde,
echte Freunde sind?
Oder interessiert sie nur dein Geld?
Ernsthaft, und mal ganz gewissenhaft:
Wie erstrebenswert, ist denn
so ein instabiler Zustand?

L(i)ebe

Ich bin unendlich dankbar
in einem Land zu leben,
wo Frieden herrscht,
Demokratie und Freiheit existiert.
Aus diesem guten Grund, habe ich drei
lebenswichtige Fragen an diejenigen,
die ihren Leuten dies unmöglich machen:
Was nützt euer Wille, wenn ihr
aber mit Gewalt niemals erreicht,
was ihr wollt?
Was nützt euch denn über
die Liebe und das Leben zu reden?
Wenn euch das Leben der Menschen
so wenig wert ist, welchen Sinn
hat es dann, für Glück und Würde
zu kämpfen?

Heimatlos   (Für Selma)

Ich entkam der Glut -
das war mein ganzes Gut.
Hinter mir die Gefahr -
auf ein besseres Jahr.

Nun bin ich Fremd -
vielleicht ein Niemand.
Nur leben ohne Angst -
mehr wünsch ich nicht.
                .
Doch was bin ich jetzt -
als Mensch noch wert.
Frieden wollt ich bloß -
nun bin ich Heimatlos.

Tod einer Schulfreundin   (Für Helga D.)

Und das Herz
erschreckt sich arg,
weiß im Moment nichts,
von früher aber so viel Schönes.
Es schmerzt, es brennt,
weil man erkennt:
Der Mensch ist heute alles,
und morgen nichts.

Alles hat seine Zeit

Das Leben kümmert
sich um einen.
Ich wusste nicht,
dass ich einmal eine
Träumerin, Reisende,
Freundin, Kollegin,
Geliebte, Ehefrau,
Mutter, Großmutter,
Wanderin, Schwimmerin,
Leserin, Poetin,
nichtssagende, sagende,
enttäuschte, erfreute,
erfahrene, und noch viel mehr, werde. -
Das Unterwegs sein hat mich
hüpfen und sitzen lassen.
Alles hat seine Zeit.

Poeten

Mit Poeten
kann man was erleben.
Sie dichten nicht immer
sehr klug, dafür aber
wenigstens menschlich.
Zeilen von mehr oder weniger,
starken und großen Nutzen.
Durchaus bringen sie
unbequemes und gewöhnliches,
sozusagen zum Ausdruck,
die im besten Fall Bewunderung
sowie Vergnügen erregen.

Adler

Über der Erde
sich verwirklichen
flink im Flug.

Abheben vom Boden
mit Schwung
bis zum letzten Flügelschlag.

Genial begnadet.
Und nichts hat Bestand
nur der Wind.

Was bleibt

Irgendwann geht alles fort.
Wenn du mich irgendwann
auch nicht mehr sehen kannst:
Das einzig Stehlenswerte bleibt.

Inhalt

Meine Lyrische Herzapotheke

In meiner Lyrik und Prosa findet sich keine dichterische Bequemlichkeit, im Gegenteil, sie ist leidenschaftlich und mutig. Empathie ist für mich ein verstärktes Lebensgefühl.

Auf meine Weise schreibe ich in kurzen, leicht verständlichen Sätzen, halte mich an keine literarischen Regeln oder Rhythmus. Lyrik ist immer persönlich und doch zugleich welthaltig. Ein feiner melancholischer Akzent ist die Seele meiner Schriften. Beim Schreiben geschieht immer wieder etwas Neues wie Wundersames. Einfache Wörter fügen sich zu einfachen Sätzen, und doch beginnen diese, in denen von den alltäglichsten Dingen gesprochen wird, mit einem Mal zu schweben und berühren bestenfalls das Herz. Irgendwie. Ich meine, Gedichte sind ein Glück, oftmals sind sie hilfreich, um die eigene Irritation zu ordnen. Kein Geld vermag die erforderliche Muße und Unabhängigkeit für sie zu erwerben.

Zudem möchte ich behaupten: „Schreiben ist eine der wichtigsten Techniken die der Mensch je erfunden hat. Erst dadurch bietet sich die famose Möglichkeit, sein Bewusstsein zutiefst mit all seinen Sinnen festzuhalten.

Für mich hat Lyrik auch wenig mit unrealistischen Fantasiewelten zu tun. Sie muss verständlich sein, ungekünstelt, ausdrucksstark, aber nicht überladen. Und meine Sympathie gehört den sogenannten kleinen Leuten, die nicht am Spiel von Mächten beteiligt sind, sondern vielmehr unter ihr zu leiden haben. So sind mir Gesellschaftliche Alltagsbeobachtungen immer wieder ein Thema.

Meiner Ansicht nach, sollte inhaltsreiche Dichtung Mythos und Faktum aus dem Versteck ans Licht bringen. Mit der Sprache will ich ausdrücken, was mich bewegt, im besten Fall meine Mitmenschen erreichen: Ich konstruiere keine ausgedachten Welten voller Fabelwesen, sondern befasse mich in meinen Gedichten mit unserer Welt, wie sie ist. Dabei sind „Frieden und Freiheit" meine Lebensthemen. Darum beabsichtige ich auch keine feingeistige Literatur zu schreiben, viel mehr zugängliche, humane unverkrampfte Gedanken. Verständlich und Empathisch. So bezeichne ich meine Lyrik als eine wohlgesinnte „Lyrische Herzapotheke".

Hermann Hesse, den ich am liebsten lese, brachte es in nur einem Satz wunderbar zum Ausdruck: „Aufgabe des Dichters ist, das Seine so genau und verantwortlich wie nur möglich zu sagen."

Eines noch: Ich danke allen, die mich bei meinen Lesungen immer wieder dazu ermutigt haben, doch endlich ein eigenes Lyrikband zu veröffentlichen. Ohne euch hätte ich es nie gewagt.

Britt Goldmann

»Jedenfalls ist die Freude über Menschlichkeit größer, als aller Reichtum der Erde.«

Britt Goldmann

Lillie&Richie

Eine dramatische Liebesgeschichte

Seiten 228
ISBN 978-3-753-44360-7

Gibt es etwas Wichtigeres als die Liebe?
Richie folgt seinem inneren Kompass. Er will
Sich nach dem Suizid seiner Frau nicht dem
Schicksal hingeben und alleine bleiben. An
Heiligabend besucht er spontan Lillie, die wie
er, seit kurzer Zeit verwitwet ist. Einst waren
sie und er: *Das Liebespaar* in ihrem Ort.
Heimlich sind sie es immer geblieben.
Tatsächlich scheinen nach bitteren Schicksals-
Schlägen, alle Träume ihrer Liebe in Erfüllung
zu gehen. Doch dann ändert ein ungeahnter
Vorfall alles, so dass ihr Glück nicht von Dauer
sein kann …

»*Der Schluss zerriss mir das Herz.
Diese Geschichte ist mit extrem viel
Herz und Leidenschaft geschrieben.*«
Leserstimme